BEI GRIN MACHT SICH IHR WISSEN BEZAHLT

- Wir veröffentlichen Ihre Hausarbeit, Bachelor- und Masterarbeit

- Ihr eigenes eBook und Buch - weltweit in allen wichtigen Shops

- Verdienen Sie an jedem Verkauf

Jetzt bei www.GRIN.com hochladen und kostenlos publizieren

Timo Fent

Die Bedeutung der Perspektive von Kindern und Jugendlichen für die Einschätzung des Child Well-being der jungen Bevölkerung

Eine kritische Auseinandersetzung mit Konzepten zum Child Well-being auf der Grundlage des 1. Kinder- und Jugendberichts Rheinland-Pfalz

GRIN Verlag

Bibliografische Information der Deutschen Nationalbibliothek:

Die Deutsche Bibliothek verzeichnet diese Publikation in der Deutschen Nationalbibliografie; detaillierte bibliografische Daten sind im Internet über http://dnb.d-nb.de/ abrufbar.

Dieses Werk sowie alle darin enthaltenen einzelnen Beiträge und Abbildungen sind urheberrechtlich geschützt. Jede Verwertung, die nicht ausdrücklich vom Urheberrechtsschutz zugelassen ist, bedarf der vorherigen Zustimmung des Verlages. Das gilt insbesondere für Vervielfältigungen, Bearbeitungen, Übersetzungen, Mikroverfilmungen, Auswertungen durch Datenbanken und für die Einspeicherung und Verarbeitung in elektronische Systeme. Alle Rechte, auch die des auszugsweisen Nachdrucks, der fotomechanischen Wiedergabe (einschließlich Mikrokopie) sowie der Auswertung durch Datenbanken oder ähnliche Einrichtungen, vorbehalten.

Impressum:

Copyright © 2011 GRIN Verlag GmbH
Druck und Bindung: Books on Demand GmbH, Norderstedt Germany
ISBN: 978-3-656-34773-6

Dieses Buch bei GRIN:

http://www.grin.com/de/e-book/207514/die-bedeutung-der-perspektive-von-kindern-und-jugendlichen-fuer-die-einschaetzung

GRIN - Your knowledge has value

Der GRIN Verlag publiziert seit 1998 wissenschaftliche Arbeiten von Studenten, Hochschullehrern und anderen Akademikern als eBook und gedrucktes Buch. Die Verlagswebsite www.grin.com ist die ideale Plattform zur Veröffentlichung von Hausarbeiten, Abschlussarbeiten, wissenschaftlichen Aufsätzen, Dissertationen und Fachbüchern.

Besuchen Sie uns im Internet:

http://www.grin.com/

http://www.facebook.com/grincom

http://www.twitter.com/grin_com

Universität Trier

Fachbereich I: Pädagogik

Sommersemester 2011

PRAKTIKUMSBERICHT

zum Lehrforschungsprojekt ‚Quantitative Forschungswerkstatt'

Thema:

Die Bedeutung der subjektiven Perspektive von Kindern und Jugendlichen für die Erfassung und Einschätzung des Child Well-being der jungen Bevölkerung – eine kritische Auseinandersetzung mit (internationalen) Ansätzen und Konzepten zum Child Well-being auf der Grundlage des 1. Kinder- und Jugendberichts Rheinland-Pfalz

Timo Robert Fent

4. Fachsemester Bachelor Erziehungswissenschaft (Kernfach)

Abgabetermin: 15.08.2011

Inhalt

1. Rahmenbedingungen 3
2. Inhalt 4
   2.1 Die Dimension ‚Handlungsräume' im 1. Kinder und Jugendbericht Rheinland-Pfalz: Begriffsbestimmung, Abgrenzung zu weiteren Dimensionen mit einer Einordnung der kreisfreien Stadt Trier, Indikatoren 4
   2.2 Child Well-being: Begriffsbestimmung 7
   2.3 Indikatorenmodelle zur Operationalisierung des Child Well-being im internationalen Kontext 8
   2.4 ‚Kindzentrierte Ansätze': Die Berücksichtigung der subjektiven Perspektive von Kindern und deren Bedeutung für das Verständnis des Wellbeing aus ihrer Sicht 10
   2.5 Kritischer Blick auf die Abbildung von Child Well-being im 1. Kinder- und Jugendbericht Rheinland-Pfalz in Bezug auf die Dimension ‚Handlungsräume' 14
3. Abschließende Bewertung des Praktikums 16

Literatur-/Quellenverzeichnis 18

1. Rahmenbedingungen

Ich habe mich für ein Forschungspraktikum in der Abteilung Sozialpädagogik II der Universität Trier entschieden. Von der Teilnahme an der ‚Quantitativen Forschungswerkstatt' unter Leitung von Frau Dr. phil. M. Joos erhoffte ich mir einerseits differenzierte und vertiefte Einblicke und Kenntnisse zu quantitativen und qualitativen Methoden der empirischen Forschung in der Erziehungswissenschaft sowie einen Transfer von Kenntnissen aus dem Modul III (Methoden) in das Lehrforschungsprojekt, andererseits aber auch eine konstruktive und kritische Auseinandersetzung nicht nur mit dem Begriff „Child Well-being", sondern ebenso mit dazugehörigen (internationalen) Konzepten, und der Frage, wie es um das Wohlbefinden und die Lebenslagen der Kinder und Jugendlichen in der Stadt Trier bestellt ist.

Zunächst orientierte sich die Forschungsgruppe an dem 1. Kinder- und Jugendbericht Rheinland-Pfalz (2010), welcher unter anderem für die Stadt Trier bereits zahlreiche Daten zum Child Well-being bereitstellt. Das in diesem Bericht entwickelte Konzept einer regional differenzierenden Sozialberichterstattung beinhaltet drei Dimensionen (Lebensbedingungen, Wohlfahrt, Handlungsräume), für die Indikatoren erarbeitet wurden, aus welchen für jede Dimension ein Indexwert hervorgeht. Aus diesen drei Indexwerten resultiert dann letztlich der Gesamtindex für das Child Well-Being (vgl. Ministerium für Bildung, Wissenschaft, Jugend und Kultur Rheinland-Pfalz, 2010, S. 278). Die Teilnehmer der Forschungsgruppe hielten eine Aufteilung in drei Arbeitsgruppen entsprechend der o.g. drei Dimensionen für sinnvoll. Dieser Bericht soll vor allem die von Christoph Gut und mir bearbeitete Dimension „Handlungsräume" behandeln.

Nach der Filterung und Zusammenstellung der zur Dimension „Handlungsräume" zugehörigen Daten für die Stadt Trier aus dem 1. Kinder- und Jugendbericht Rheinland-Pfalz sowie der entsprechenden Daten des Statistischen Landesamtes und sonstiger quantitativer Erhebungen werden nun punktuelle qualitative Befragungen in Kitas, Schulen und Sportvereinen durchgeführt. Denn die subjektive Perspektive von Kindern und Jugendlichen, zu welcher im ersten rheinland-pfälzischen Kinder- und Jugendbericht keine Daten vorliegen, sind unbedingt erforderlich, um das Child Well-being der jungen Bevölkerung erfassen und einschätzen zu können.

In kurzen, etwa zehnminütigen von einem Tonbandgerät aufgenommenen Interviews werden Kinder und Jugendliche nach einem Interviewleitfaden in Sportvereinen, Schulen und Kitas befragt, was für sie Wohlbefinden eigentlich ausmacht/bedeutet. Der Feldzugang wird also über „Aktivitäten" hergestellt. Hierbei erfolgt die Auswahl nicht unbedingt nach Alter, sondern vor allem nach Sozialräumen. Dies soll einen Vergleich bezüglich des subjektiven Empfindens des Wohlergehens/Wohlempfindens zwischen Kindern und Jugendlichen aus „Problemvierteln" (hier: Trier-West, Trier-Nord) und jungen Menschen aus gehobenen Stadtteilen/Vororten (hier: Konz) ermöglichen. Außerdem werden Experteninterviews durchgeführt. In diesem Zusammenhang befragen wir z.b. die Leiter/Betreuer von Jugendzentren (Kontakte bestehen hier zur Skatehalle in Trier-West, die unter der Schirmherrschaft des Trierer Kinder- & Jugendvereins PALAIS e.V. betrieben wird) über ihre Einschätzung zum Wohlbefinden/Well-being der Kinder und Jugendlichen in der Region. Hier geht es uns darum, eine zusätzliche Perspektive zu erfassen. Zwar wird unsere Studie aus verschiedenen Gründen (Mangel an zeitlichen, personellen und finanziellen Ressourcen) nicht unbedingt einen Anspruch auf Repräsentativität erheben können, dennoch sollen die Ergebnisse und Auswertungen unserer Befragungen letztlich mit den „kindzentrierten Ansätzen" um Fattores Vorschlag für ein Indikatorenmodell aus der Perspektive von Kindern, auf den in einem späteren Teil des Berichts noch eingegangen wird (vgl. Kapitel 2.4), abgeglichen werden.

2. Inhalt

2.1 Die Dimension ‚Handlungsräume' im 1. Kinder und Jugendbericht Rheinland-Pfalz: Begriffsbestimmung, Abgrenzung zu weiteren Dimensionen mit einer Einordnung der kreisfreien Stadt Trier, Indikatoren

„Der Begriff Handlungsräume wurde gewählt, um die für das Konzept Child Well-being notwendige Dimension objektivierbarer Voraussetzungen für subjektives Wohlbefinden mit den verfügbaren Daten abzubilden" (Ministerium für Bildung, Wissenschaft, Jugend und Kultur Rheinland-Pfalz 2010, S. 293). Weiterhin sollte der Fokus auf die subjektiven Handlungsmöglichkeiten von Kindern gerichtet werden, „welche ihnen die in einer Region prägenden Lebensbedingungen und entwickelten Leistungen und Strukturen der Wohlfahrt eröffnen (können)" (ebd.). Da für die Erstellung des ersten rheinland-pfälzischen Kinder- und Jugendberichts zu diesem Aspekt keine aus der (subjektiven) Perspektive von Kindern und Jugendlichen gewonnen Daten vorlagen, galt es, durch die Dimension ‚Handlungsräume' „auf die objektivierbaren Voraussetzungen von subjektiven Handlungsmöglichkeiten aufmerksam (zu) machen" (ebd.). Zwar konnte so die subjektive Bewertung bezüglich Erfahrungen der Handlungsmächtigkeit nicht aufgezeigt werden, „aber zumindest die Möglichkeiten und die Optionen der Erfahrbarkeit" (ebd.). Während die Dimension ‚Wohlfahrt', welche mit den Indikatoren Elterngeld, Partizipationsangebote, Gesundheit, Verhalten & Risiken sowie Bildung, Betreuung & Erziehung arbeitet (vgl. ebd., S. 278), für die in öffentlicher Verantwortung bereitgestellte Infrastruktur für Kinder und ihre Familien (z.B. Bildung und Betreuung) steht und die Dimension ‚Lebensbedingungen' (Indikatoren: Demografie, Materielle Lage, Wohnumfeld, Migration) (vgl. ebd.) z.b. demografische und ökonomische Faktoren der Regionen, in denen Kinder leben, beinhaltet, repräsentiert die Dimension ‚Handlungsräume', auf deren Indikatoren (Aktivitäten, Beziehung zu den Eltern, verschlossene Teilhabechancen, Gesundheit/Stress sowie Sicherheit in Kita & Schule) (vgl. ebd.) im unteren Teil dieses Kapitels näher eingegangen wird, die Handlungsmöglichkeiten von Kindern bzw. die Befähigung zum Handeln („agency") (vgl. ebd., S. 272). Diese ergeben sich aus der Wohlfahrt und den Lebensbedingungen und entstehen durch eine aktive Herstellungsleistung der Kinder (vgl. ebd.). Während die kreisfreie Stadt Trier im Landesvergleich der regional differenzierenden Berichterstattung des 1. Kinder- und Jugendberichts Rheinland-Pfalz bezüglich der Dimension ‚Lebensbedingungen' nur unterdurchschnittliche Werte erreicht (Abweichung zum rheinlandpfälzischen Durchschnitt: - 5,5 %, Gruppenzugehörigkeit D), was im Verhältnis zu den meisten Landkreisen vor allem in einer höheren Fluktuation der Bevölkerung, niedrigen Kinderzahlen und einer wesentlich größeren Spannbreite zwischen materiellen Ressourcen und Belastungen begründet liegt – beispielsweise misst der Landkreis Trier-Saarburg hier überdurchschnittliche Werte – („Stadt-Land-Gefälle") (vgl. Ministerium für Bildung, Wissenschaft, Jugend und Kultur Rheinland-Pfalz, 2010, S. 306), ist Trier sowohl in Bezug auf die Dimension ‚Wohlfahrt' (Abweichung zum rheinland-pfälzischen Durchschnitt: + 5,4 %, Gruppenzugehörigkeit C) (vgl. ebd., S. 308) als auch hinsichtlich der Dimension ‚Handlungsräume' (Abweichung zum rheinland-pfälzischen Durchschnitt: + 3,2 %, Gruppenzugehörigkeit C) (vgl. ebd., S. 311) durch leicht überdurchschnittliche Werte gekennzeichnet. Im Vergleich der Indexwerte ‚Wohlfahrt' und ‚Handlungsräume' junger Menschen zeigt sich insgesamt, dass die Handlungsräume der jungen Bevölkerung überdurchschnittlich sind, wenn auch die Dimension Wohlfahrt über dem Landesdurchschnitt liegt (vgl. ebd.). Sowohl die im 1. Kinder- und Jugendbericht als zentral angesehene eigenständige Handlungsperspektive von Kindern und Jugendlichen als auch die Verwirklichungschancen, die sie dafür haben, vor allem in Bezug auf die sozialen und territorialen Räume des Aufwachsens, finden im Begriff ‚Handlungsräume' Berücksichtigung (vgl. ebd., S. 274). Die Dimension bezieht einerseits die Möglichkeiten, die Kindern und Jugendlichen vor Ort zur Verfügung stehen, aber auch die Einschränkungen ihrer Handlungsräume mit ein (vgl. ebd.).

Der 13. Kinder- und Jugendbericht betont die große Bedeutung der Erfahrung von „Handlungsmächtigkeit" für Kinder und Jugendliche. Um solche Erfahrungen machen zu können, „bedarf es Bedingungen, die es Kindern und Jugendlichen ermöglichen, sich selbst als wirkmächtig zu erfahren. Gerade deshalb gewinnt alles, was Teilhabe und Beteiligung von Kindern und Jugendlichen ermöglicht, in diesem Zusammenhang zentrale Bedeutung" (Bundesministerium für Familie, Senioren, Frauen und Jugend 2009, S. 72). Die zu der Dimension ‚Handlungsräume' erarbeiteten Indikatoren des ersten rheinland-pfälzischen Kinder- und Jugendberichts, welche wir durch eigene Überlegungen ergänzt haben (vgl. Kapitel 2.5), sollen im Folgenden kurz vorgestellt werden:

Der Indikator „Aktivitäten" setzt sich aus sieben Kennzahlen zusammen (Teilnahme in Sportvereinen, Teilnahme an Musikschulen, kirchliche Jugendarbeit, Jugendverbände, Bibliotheken: Entleihungen Kinder- und Jugendliteratur, Kita-Besuchsquote, Teilnehmer/-innen in Ganztagsschulen) – wobei sich die Auswahl der Kennzahlen in hohem Maße an der Verfügbarkeit der Daten orientiert – (vgl. Ministerium für Bildung, Wissenschaft, Jugend und Kultur Rheinland-Pfalz, 2010, S. 293) und ist insofern von großer Bedeutung, als dass es „für das Aufwachsen von Kindern und Jugendlichen notwendig ist, dass sie über die Möglichkeit verfügen, in Gemeinschaft mit anderen das eigene Leben aktiv gestalten zu können" (ebd.). Es sei weiterhin notwendig, „dass ihnen in ihrem näheren Wohnumfeld ausreichende Möglichkeiten zur aktiven Teilhabe am Leben in der Gemeinschaft und der persönlichen Freizeitgestaltung zur Verfügung stehen" (ebd., S. 294).

Der Indikator „Beziehungen zu den Eltern" besteht aus drei Kennzahlen (Inobhutmaßnahmen, Gerichtliche Maßnahmen, Anteil der Kinder in geschiedenen Ehen), welche jedoch eher auf Gefährdungen und Störungen der Eltern-Kind-Beziehung verweisen (vgl. ebd., S. 295). Somit wäre eine gute Beziehung dann erkennbar, wenn wenige Störungen bzw. Gefährdungen vorliegen. Die Vielschichtigkeit des Indikators wird dadurch jedoch nicht angemessen abgebildet (vgl. ebd., S. 295 f.). Die Beziehung zu den Eltern beinhaltet „nicht nur Aspekte der Versorgung und Ernährung, sondern sie spielt ebenfalls eine entscheidende Rolle im Hinblick auf psychosoziale Aspekte, indem sie den kindlichen Zugang zur sozialen Umwelt mitbestimmt und damit Handlungsräume eröffnet oder verschließt" (ebd., S. 295).

Der Indikator „Verschlossene Teilhabechancen" soll die negative Seite verschlossener oder verweigerter Bildungsteilhabe aufzeigen und mit den verfügbaren Kennzahlen (Arbeitslose unter 25 Jahren, Schulentlassene ohne Hauptschulabschluss) „verschlossene" schulische bzw. berufliche Teilhabechancen abbilden, um so auf negative oder positive Handlungsräume für junge Menschen zu schließen (vgl. ebd., S. 296).

Der Indikator Gesundheit/Stress setzt sich aus vier Kennzahlen (Krankenhausfälle aufgrund von Diabetes, Krankenhausfälle infolge von Krankheiten des Atmungssystems, Anteil der Kinder unter 15 Jahren mit Krebserkrankungen, Anteil der Krankenhausfälle infolge psych. und Verhaltensstörungen) zusammen, welche sich auf chronische Krankheiten beziehen, die eine dauerhafte Belastung und anhaltenden Stress zur Folge haben und somit nicht nur die Handlungsräume junger Menschen beeinträchtigen, sondern auch ihren Möglichkeiten der Selbstentfaltung Grenzen setzen (vgl. ebd., S. 297).

Der Indikator „Sicherheit in Kita und Schule" wurde mit folgender Begründung entwickelt: „Kinder teilten uns mit, dass Angst und Unsicherheit ihr Wohlbefinden beeinträchtigen und dass Sicherheit ein wichtiger Bestandteil von Wohlbefinden ist" (Fattore u.a. 2007, S. 18; Übersetzung U. Petry).[1] Die subjektive Perspektive von Kindern und Jugendlichen hinsichtlich ihrer Handlungsräume in Kita und Schule wird im 1. Kinder und Jugendbericht Rheinland-Pfalz nicht abgebildet. Als Kennzahlen stehen hier „Unfälle auf dem Weg zu Kita und Schule" und „Unfälle in Kita und Schule" zur Verfügung: wenige Unfälle würden eine höhere Sicherheit implizieren (vgl. Ministerium für Bildung, Wissenschaft, Jugend und Kultur Rheinland-Pfalz, 2010, S. 298).

2.2 Child Well-being: Begriffsbestimmung

Für den komplexen Begriff Child Well-being, der einen Sammelbegriff darstellt, „unter den sehr viele unterschiedliche Aspekte zum Wohlergehen von Kindern und Jugendlichen subsumiert werden" (ebd., S. 263), liegt keine eindeutige Definition vor. Obwohl es sich bei dem Konstrukt „Child Well-Being" um das international etablierte und verwendete Konzept (vgl. ebd.) handelt und der Terminus „Child Well-being" auf der internationalen Ebene für das Wohlergehen und das Wohlbefinden von Kindern verwendet wird (vgl. ebd., S. 262), ist Well-being nach Crivello zwar „ein wichtiger, aber auch ein unscharfer Begriff. Wie der Armutsbegriff ist er für unterschiedliche Definitionen, Konzeptualisierungen und methodische Ansätze offen. Unsere zugrundeliegende Annahme über Child Well-being spiegelt unsere Sicht auf Kindheit – sodass Well-being als sozial kontingentes, kulturell verankertes Konstrukt erscheint, das sich über die Zeit verändert und zwar sowohl im individuellen Lebensverlauf als auch im sozio-kulturellen Kontext" (Crivello u.a. 2009, S. 53; Übersetzung M. Joos).[2] Da es allerdings unterschiedliche Perspektiven auf Child Well-being gibt, ist es nicht

---

[1] „Children told us fear and insecurity affects their well-being and that being safe is an important part of well-being" (Fattore u.a. 2007, S. 18)
[2] „Wellbeing is an important but somewhat elusive concept. Like the concept of poverty, it is open to numerous definitions, conceptualisations and methodological approaches. Our underlying assumption regarding child well-

eindeutig, welche Perspektive – etwa die der Eltern oder die der Kinder- zählt bzw. als Maßstab gilt (vgl. Ministerium für Bildung, Wissenschaft, Jugend und Kultur Rheinland-Pfalz, 2010, S. 263). Weiterhin lässt sich konstatieren, dass die (subjektive) Perspektive von Kindern in vielen Studien zum Child Well-being nur eine geringe oder keine Berücksichtigung findet und „dass in einigen Berichten der Begriff nicht theoretisch hergeleitet wird, sondern lediglich über Indikatorenmodelle operationalisiert wird" (ebd.).

2.3 Indikatorenmodelle zur Operationalisierung des Child Well-being im internationalen Kontext

In Bezug auf den Gesamtindex Child Well-being des 1. Kinder- und Jugendberichts Rheinland-Pfalz, welcher sich aus einer Addition der vorangegangenen drei Indexwerte der Dimensionen ‚Lebensbedingungen', ‚Wohlfahrt' und ‚Handlungsräume' errechnet, erhält die kreisfreie Stadt Trier im Vergleich mit anderen kreisfreien Städten und Landkreisen des Bundeslandes Rheinland-Pfalz die Gruppenzugehörigkeit C und liegt somit nahezu im Landesdurchschnitt (Abweichung zum rheinland-pfälzischen Durchschnitt: + 0,7 %) (vgl. Ministerium für Bildung, Wissenschaft, Jugend und Kultur Rheinland-Pfalz, 2010, S. 313 f.). Hier ist ein „Stadt-Land-Gefälle" deutlich erkennbar: Während die kreisfreien Städte zumeist durch durchschnittliche oder unterdurchschnittliche Werte bezüglich des Index Child Well-being gekennzeichnet sind, erreicht eine Vielzahl der Landkreise – Trier-Saarburg ist beispielsweise der Gruppe A zugeordnet – überdurchschnittliche Werte (vgl. ebd., S. 314).

Im Folgenden werden zunächst einige internationale Zugänge und Indikatorenmodelle zur Messung und Beschreibung des Child Well-being erläutert, bevor der Bericht dann im Besonderen auf die ‚kindzentrierten Ansätze' von Fattore u.a. (2007, 2009) und Crivello u.a. (2009) eingeht, die ein Indikatorenmodell vorschlagen, welches Well-being aus der Perspektive von Kindern berücksichtigt (vgl. Kapitel 2.4).

Der Vorschlag von Jonathan Bradshaw u. a. (2007) für die Bildung eines Index des Wellbeing von Kindern in der Europäischen Gemeinschaft, welcher bisherige Ansätze der EU aufgrund ihrer Reduzierung des Wohlbefindens von Kindern auf den Armutsindikator kritisiert, bestimmt Child Well-being vor allem über die Umsetzung der Rechte von Kindern (vgl. Ministerium für Bildung, Wissenschaft, Jugend und Kultur Rheinland-Pfalz, 2010, S. 263 f.). Messbar sei dies durch „positive child outcomes" und „negative child outcomes", also durch

---

being mirrors our view of childhood – that wellbeing is a socially contingent, culturally anchored construct that changes over time, both in terms of individual life course changes as well as changes in socio-cultural context" (Crivello u.a. 2009, S. 53)

positive oder negative Effekte von Bedingungen, Strukturen und Voraussetzungen, sowie durch Deprivation, was einen Verstoß gegen die Kinderrechte bedeutet (vgl. ebd., S. 264). Der von Bradshaw und seinem Team entwickelte Zugang zum Child Well-being, der davon ausgeht, „dass die Kinder aktiv an der Herstellung ihres Wohlbefindens beteiligt sind" (ebd.), umfasst acht Cluster (die materielle Lebenssituation, die Wohnsituation, Gesundheit, das subjektive Wohlbefinden, Bildung, Beziehungen/Bindungen/Integration, Partizipation, Risiken und Sicherheit), wobei das Well-being von Kindern im Lebensbereich „Beziehungen" beispielsweise durch die Indikatoren Familienstruktur (Ein-Eltern-Familien, Stieffamilien), Beziehungen zu den Eltern (Häufigkeit von gemeinsamen Mahlzeiten in der Woche, Häufigkeit von Gesprächen mit den Eltern in der Woche) und Beziehungen zu Gleichaltrigen („Erlebst du deine Peers als freundlich und hilfsbereit?") operationalisiert wird (vgl. ebd.). Zunächst soll bei Bradshaw u.a. ein Vergleich zwischen den europäischen Mitgliedsländern bezüglich der Einzelindikatoren und in einem zweiten Schritt Ländervergleiche für die einzelnen Cluster durchgeführt werden, bevor schließlich ein Vergleich des Gesamtindex Child Well-being, welcher sich aus den acht Cluster zusammensetzt, erfolgt (vgl. ebd.). Deutschland belegt bei diesem Child-Well-Being-Index den neunten Platz von 25 Ländern (vgl. ebd.).

Der UNICEF-Bericht zur Lage der Kinder in Deutschland (Bertram 2006, 2008) ersetzt den Begriff des Child Well-being durch den der „Lebenslage" von Kindern (vgl. Ministerium für Bildung, Wissenschaft, Jugend und Kultur Rheinland-Pfalz, 2010, S. 264 f.). Gearbeitet wird hier mit sechs zentralen Indikatoren (Dimension 1: Materielle Lage, Dimension 2: Gesundheit und Sicherheit, Dimension 3: Bildung, Dimension 4: Beziehungen zu Eltern und Freunden, Dimension 5: Verhalten und Risiken, Dimension 6: Subjektives Befinden), die auch bei Bradshaw u.a. (2007) Verwendung finden (vgl. Ministerium für Bildung, Wissenschaft, Jugend und Kultur Rheinland-Pfalz, 2010, S. 265). Im internationalen Vergleich erreicht Deutschland in der UNICEF-Studie aufgrund durchschnittlicher Werte in allen Einzeldimensionen nur Platz 11 von 21 Ländern (vgl. ebd.). „Den besten Wert erreicht Deutschland noch bei der Einschätzung der Jugendlichen und Kinder zur eigenen Lebenssituation (…)" (Bertram 2006, S. 10). Der erste Kinder- und Jugendbericht Rheinland-Pfalz kann von dem UNICEF-Ansatz insofern profitieren, als dass „hier ein Bundesländervergleich durchgeführt und somit eine Einordnung von Rheinland-Pfalz (liegt an 6. Stelle von 16 Bundesländern) möglich wird" (Ministerium für Bildung, Wissenschaft, Jugend und Kultur Rheinland-Pfalz 2010, S. 265). Allerdings enthält auch die UNICEF-Studie zahlreiche „Leerstellen"; es liegen z.B. keine Daten zum „subjektiven Empfinden" von Kindern und Jugendlichen vor (vgl. ebd.).

Der evidenzbasierte Ansatz zur Messung des Child Well-being (Land u.a. 2007) verknüpft objektive soziale Indikatoren und Indikatoren zum subjektiven Wohlbefinden miteinander, wobei letztere die persönliche Einschätzung der im Leben gemachten positiven Erfahrungen (Lebenszufriedenheit insgesamt, positive Gefühle, negative Gefühle) erfassen (vgl. Ministerium für Bildung, Wissenschaft, Jugend und Kultur Rheinland-Pfalz, 2010, S. 266). Dieser Ansatz arbeitet mit dem „Child and Youth Well-being Index" (CWI) (Land u.a. 2007, S. 111), „ein zusammengesetztes Maß aus Trends bzw. Zeitreihen zum Well-being von Kindern und Jugendlichen in Amerika. Dieses setzt sich aus mehreren, aufeinander bezogenen summarischen Indices aus jährlichen Zeitreihen von zahlreichen Sozialindikatoren zum Well-being von Kindern und Jugendlichen in den Vereinigten Staaten zusammen" (ebd.; vgl. Ministerium für Bildung, Wissenschaft, Jugend und Kultur Rheinland-Pfalz, 2010, S. 267).[3] Sieben Lebensbereiche, die den Begriffen im Index von Bradshaw u.a. (2007) und in der UNICEF-Studie (2006) zum Teil sehr ähneln – bis auf das emotionale/religiöse Wohlbefinden, das in den beiden anderen Ansätzen nicht berücksichtigt wird –, werden bei Land u.a. unterschieden: das materielle familiäre Wohlergehen, Gesundheit, Sicherheit und Verhalten, Bildung(serfolg), soziale Integration in die Gemeinschaft/Gesellschaft, soziale Beziehungen, emotionales/religiöses Wohlbefinden (vgl. Ministerium für Bildung, Wissenschaft, Jugend und Kultur Rheinland-Pfalz, 2010, S. 268). Zu diesen sieben Indikatoren zum Child Well-being erstellen Land und sein Team Zeitreihen ab dem Jahr 1975 bis ins Jahr 2003 und tragen diese in eine Grafik ein, wobei das Ausgangsjahr 1975 den Basiswert darstellt (vgl. ebd.) und „davon ausgehend (..) die positive bzw. negative Entwicklung der Indikatoren in den einzelnen Lebensbereichen abgetragen (wird)" (ebd.).

2.4 ‚Kindzentrierte Ansätze': Die Berücksichtigung der subjektiven Perspektive von Kindern und deren Bedeutung für das Verständnis des Wellbeing aus ihrer Sicht

Während sich die bisher vorgestellten Studien zum Child Well-being durchaus ähneln, grenzt sich Fattores Ansatz (2007) klar von diesen ab und zwar dadurch, dass sein Indikatorenmodell das Well-being aus der Perspektive von Kindern berücksichtigt. Dieser und andere ‚kindzentrierte Ansätze' kritisieren an den bislang existierenden Ansätzen z.B., dass das Wellbeing von Kindern als Erfolg oder Scheitern der Institutionen für Kinder bewertet wird (vgl. Ministerium für Bildung, Wissenschaft, Jugend und Kultur Rheinland-Pfalz, 2010, S. 268).

---

[3] Der CWI ist „a composite measure of trends over time in the well-being of America's children and young people, that consists of several interrelated summary indices of annual time series of numerous social indicators of the well-being of children and youth in the United States" (Land u.a. 2007, S. 111)

Außerdem stellen sie die Gültigkeit traditioneller altersbasierter Entwicklungsmarker sowie ihre angebliche Bedeutung für ein „erfolgreiches Erwachsenenleben" in Frage (vgl. ebd.; Fattore u.a. 2007, S. 8). Kritik geübt wird auch daran, dass Well-being von Kindern und Jugendlichen in den herkömmlichen Ansätzen bedeute, dass keine „negativen Resultate" auftreten (vgl. Ministerium für Bildung, Wissenschaft, Jugend und Kultur Rheinland-Pfalz, 2010, S. 268). Man betrachte Kinder hier eher als Objekte bzw. abhängige Variablen und nicht als soziale Akteure, die ihre soziale Umwelt aktiv mitgestalten (vgl. ebd.). Letztlich plädieren die ‚kindzentrierten Ansätze' für eine Erfassung des Child Well-being aus der Perspektive der Kinder selbst und eben nicht aus einer erwachsenenzentrierten Perspektive (vgl. ebd.), welche bei Bradshaw (2007), der UNICEF-Studie und auch beim evidenzbasierten Ansatz zur Messung des Child Well-being noch vorrangig ist. Sowohl bei den Ansätzen von Fattore u.a. (2007, 2009) als auch Crivello u.a. (2009) wird diese erwachsenenzentrierte, adultistische Perspektive folglich abgelehnt (vgl. Ministerium für Bildung, Wissenschaft, Jugend und Kultur Rheinland-Pfalz, 2010, S. 269). Vielmehr geht es hier um die Erfahrungen und Sichtweisen der Kinder und Jugendlichen selbst, sie werden nicht nur als soziale Akteure bzw. aktiv Handelnde betrachtet, sondern werden auch als Teilnehmende in die Forschung einbezogen (vgl. ebd.). Fattore gibt als ein zentrales Ziel aus, „Kinder in das Zentrum zu rücken, um zu explorieren, was Well-being aus ihrer Sicht ausmacht. Ausgehend von der Bedeutung, die sie dem Konzept beimessen, sollen die zentralen Lebensbereiche identifiziert und operationalisiert werden, um wichtige Aspekte des Well-being der Bevölkerungsgruppe Kinder zu beobachten und zu messen" (Fattore u.a. 2008, S. 6, Übersetzung M. Joos).[4] „So zeigt sich, dass Well-being von Kindern durch Gefühle wie Glücklichsein, aber auch Traurigsein definiert wird" (Ministerium für Bildung, Wissenschaft, Jugend und Kultur Rheinland-Pfalz 2010, S. 269). Die Erfahrung von Sicherheit, Geborgenheit und Harmonie sei für Kinder besonders bedeutsam (vgl. ebd.). Nach Fattore bedeutet Well-being aus der Sicht von Kindern außerdem, einerseits die eigenen Interessen zu verfolgen, aber andererseits auch das Wohlbefinden der anderen zu berücksichtigen (Fattore u.a. 2007, S. 18).

Während ein objektivistischer Zugang zur Erforschung des Well-being also abgelehnt wird, erfolgt der Zugang zum „sozialen Konstrukt" Child Well-being vielmehr konstruktivistisch (vgl. Ministerium für Bildung, Wissenschaft, Jugend und Kultur Rheinland-Pfalz, 2010, S. 269).

---

[4] „(…) to place children centrally in exploring their views of what constitutes their well-being and, from the meanings they attach to the concept, to identify key domains that can be operationalized for monitoring and measuring important aspects of well-being at a population level" (Fattore u.a. 2007, S. 6)

Hierbei sind vor allem qualitative Methoden, z.B. ethnografische und phänomenologische Forschungsmethoden, von großer Bedeutung (vgl. ebd.).

Nun soll im Folgenden ein Indikatorenmodell aus der Perspektive von Kindern (nach Fattore u.a. 2007, 2009) vorgestellt werden. Fattores Modell beinhaltet die Indikatoren „Autonomie und Handlungsfähigkeit" („Autonomy and Agency"), „Sicherheit und Geborgenheit" („Keeping safe and feel secure"), „Selbst/Selbstwert" („Positive Sense of Self"), „Aktivitäten und Aktivsein" („Activities and Being Active"), „Mit Schwierigkeiten und Widrigkeiten umgehen zu können" („Adversity-Dealing with Difficult Times"), „Materielle und ökonomische Ressourcen", „Wohnung und Wohnumfeld", „Gesundheit" („Physical Health: Eat Well and Be Active") sowie „Soziale Verantwortung und moralisches Handeln" („Social Responsibility and Moral Agency – being a good person") (vgl. Ministerium für Bildung, Wissenschaft, Jugend und Kultur Rheinland-Pfalz, 2010, S. 270 f.). Der Indikator „Autonomie und Handlungsfähigkeit" verweist auf die große Bedeutung der Handlungsbefähigung von Kindern und Jugendlichen (vgl. ebd., S. 270). Wie in Kapitel 2.1 dieses Berichts bereits angesprochen, betont auch der 13. Kinder- und Jugendbericht den hohen Stellenwert der Erfahrung von „Handlungsmächtigkeit" für das Wohlergehen junger Menschen (vgl. Bundesministerium für Familie, Senioren, Frauen und Jugend, 2009). Bezüglich des Indikators „Sicherheit und Geborgenheit" ist festzustellen, dass das Wohlbefinden von Kindern und Jugendlichen durch Ängste und Unsicherheiten und insbesondere durch geringe Partizipations- und Handlungsmöglichkeiten eingeschränkt wird (vgl. Ministerium für Bildung, Wissenschaft, Jugend und Kultur Rheinland-Pfalz, 2010, S. 270). Der Indikator „Selbst/Selbstwert" bezieht sich auf ein positives Selbstwertgefühl, welches dann vorhanden ist, wenn Kinder Anerkennung und Wertschätzung durch andere erfahren und ein positives Selbstbild haben (vgl. ebd.). Die Bedeutung von Aktivitäten wird durch den Indikator „Aktivitäten und Aktivsein" herausgestellt: „Aktivitäten sind aus der Perspektive von Kindern wichtig, weil sie ihnen die Gelegenheit geben, ihre eigenen Kompetenzen zu erfahren, die Wirksamkeit ihres Handelns zu erleben, weil sie Gelegenheiten zum Lernen finden und sich darüber weiterentwickeln können" (ebd.). Hier ist auch die Einbettung der Aktivitäten „in ein Netz von Beziehungen zu Gleichaltrigen" (ebd.) bedeutend. So stellt Crivello fest, „dass zwischenmenschliche Beziehungen für das subjektive Well-being von Kindern von zentraler Bedeutung sind. Wie gut es ihnen geht, hängt in starkem Maße von der Qualität und der Stärke der unmittelbaren sozialen Beziehungen in der Familie und der Peer-Gruppe ab. In vielen Fällen war das Well-being von Kindern auch verknüpft mit dem Zugang zu institutionellen Angeboten und Diensten, insbesondere im

Bezug zur Schule" (Crivello u.a. 2009, S. 69; Übersetzung M. Joos).[5] Der Indikator „Mit Schwierigkeiten und Widrigkeiten umgehen zu können" bezieht sich auf Schutzfaktoren, beispielsweise auf die Familie oder Freunde (soziales Umfeld), welche die Kinder bei dem Umgang mit Schwierigkeiten und Problemen unterstützen und ihnen dabei helfen (vgl. Ministerium für Bildung, Wissenschaft, Jugend und Kultur Rheinland-Pfalz, 2010, S. 270). Der Indikator „Materielle und ökonomische Ressourcen" ist insofern bedeutsam, als dass Kinder durchaus wissen, „dass Geld den Zugang zu kulturellen Aktivitäten und kulturellem Kapital eröffnet" (ebd.). Ihr Wohlbefinden wird also auch durch die wirtschaftliche Situation des familiären Haushaltes bestimmt. In Bezug auf den Indikator „Gesundheit" lässt sich konstatieren, dass körperliche Fitness und Gesundheit die Voraussetzung für die Teilhabe an Aktivitäten und damit auch für das Wohlbefinden von Kindern und Jugendlichen bildet (vgl. ebd.). Hinsichtlich des Indikators „Soziale Verantwortung und moralisches Handeln" ist festzustellen, dass es für das Well-being von Kindern von großer Bedeutung ist, „Verantwortung für sich und andere zu übernehmen und davon überzeugt zu sein, dass sie das ‚Richtige' tun" (ebd., S. 270 f.). Bedeutsam für Kinder sei weiterhin, „in ihrem Alltag nach ihren Werten und Überzeugungen zu handeln und somit ein Gefühl der emotionalen Integrität zu erleben" (ebd., S. 271). Der Indikator „Wohnung und Wohnumfeld" ist insofern für das Well-being von Kindern von Bedeutung, als dass „lärmige, unhygienische und verkehrsbelastete Wohnumgebungen von Kindern als belastend und ihrem Wohlbefinden abträglich erlebt (werden)" (ebd., S. 270).

Alles in allem zeigt sich, dass bereits bestehende Sozialindikatorenansätze wie die von Bradshaw u.a. (2007), Bertram (2006, 2008) und Land u.a. (2007) um den Einbezug der (subjektiven) Perspektive von Kindern – hier sind (qualitative) Befragungen von Kindern und Jugendlichen absolut notwendig - sowie um bisher nicht beachtete Indikatoren („Autonomie und Handlungsfähigkeit", „Selbst/Selbstwert", „Mit Schwierigkeiten und Widrigkeiten umgehen zu können", „Soziale Verantwortung und moralisches Handeln") erweitert werden müssen, damit diese das Child Well-being adäquat und umfassend einschätzen und erfassen können (vgl. Ministerium für Bildung, Wissenschaft, Jugend und Kultur Rheinland-Pfalz, 2010, S. 271). Weiterhin wäre es für diese Ansätze von Vorteil, den besonders bedeutsamen Lebensbereichen und Indikatoren wie „Aktivitäten und Aktivsein", „Wohnung und Wohnumfeld",

---

[5] „Interpersonal relationships were shown to be important for children's subjective wellbeing; how well they are doing as individuals depends on the quality and strength of their immediate social relationships with their family and peer group, and in many cases was also tied to their institutional service access, especially in relation to schooling" (Crivello u.a. 2009, S. 69)

„materielle Ressourcen", „Gesundheit" und „Sicherheit" einen entsprechenden Stellenwert zuzuweisen (vgl. ebd.).

2.5 Kritischer Blick auf die Abbildung von Child Well-being im 1. Kinder- und Jugendbericht Rheinland-Pfalz in Bezug auf die Dimension ‚Handlungsräume'

Wie Crivello u.a. (2009) und Fattore u.a. (2007) bereits aufgezeigt haben, sind objektiv messbare Faktoren nicht ausreichend, um das Well-being von Kindern und Jugendlichen (vor allem in der regionalen Differenzierung) adäquat zu erfassen (vgl. ebd., S. 299). Im 1. Kinder und Jugendbericht Rheinland-Pfalz zeigen sich bedeutsame Leerstellen vor allem bezüglich der Dimension ‚Handlungsräume'. So werden beispielsweise die „Gleichaltrigenbeziehungen"/ "Beziehungen zu Peers" (und damit verbundene Phänomene wie Mobbing und Bullying), welche die Voraussetzung für die Persönlichkeitsentfaltung der Kinder und Jugendlichen bilden sowie für ihre individuelle Lebensgestaltung bedeutsam sind (vgl. Thole, 2000, S. 260 f.) und somit nicht nur einen zentralen Aspekt im Sozialisationsprozess, sondern auch einen wichtigen Indikator für das Wohlbefinden von Kindern und Jugendlichen darstellen, im ersten rheinland-pfälzischen Kinder- und Jugendbericht nicht als eigenständiger Indikator erfasst, sondern lediglich unter den „Aktivitäten" einbegriffen (vgl. Ministerium für Bildung, Wissenschaft, Jugend und Kultur Rheinland-Pfalz, 2010, S. 300). Auch Rigby und Slee konstatieren, dass gute Kontakte zu gleichaltrigen Freunden oftmals mit einem großen Selbstbewusstsein und einem hohen Wohlbefinden in Beziehung stehen (vgl. Rigby/Slee, 1993, S. 39); für ihre Studie nutzten Sie einen Index aus verschiedenen Einzelfaktoren, den sie auch als „prosocial-tendency-index" bezeichnen (ein Index für Peer-Beziehungen) und welcher die Items „Enjoy helping others", „Help harrassed children", „Like to make friends" und „Share things" umfasst (vgl. ebd., S. 37). Zur Datenerfassung für den Indikator „Beziehungen zu Peers" besteht eine Möglichkeit aber auch in einer gezielten Befragung von Kindern, wie es um ihr Wohlbefinden in Bezug auf Freunde bestellt ist, ob sie einen besten Freund/eine beste Freundin haben und über einen festen Freundeskreis verfügen (vgl. Ministerium für Bildung, Frauen und Jugend Rheinland-Pfalz, 2002, S. 39 f.). Solche Selbstauskünfte von Kindern und Jugendlichen (zu ihren Peer-Beziehungen) sind jedoch derzeit nicht auf Stadt- und Landkreisebene vorhanden und fehlen daher im ersten Kinder- und Jugendbericht Rheinland-Pfalz (vgl. Ministerium für Bildung, Wissenschaft, Jugend und Kultur Rheinland-Pfalz, 2010, S. 301).

Bezüglich des Indikators „Beziehungen zu den Eltern" der Dimension ‚Handlungsräume' sind die bereits vorhandenen Daten/Kennzahlen (Inobhutmaßnahmen, gerichtliche Maßnahmen, Anteil der Kinder in geschiedenen Ehen) eher negativ behaftet und werden der Eltern-Kind-

Beziehung nicht gerecht, da sie diese durch den Misserfolg familiärer Interaktion bestimmen (vgl. ebd.). Daher erscheinen als weitere Kennzahlen gemeinsame Gespräche, Mahlzeiten und Aktivitäten sowie das Familienklima und der Erziehungsstil von Bedeutung (eigene Überlegungen). Gemeinschaftliche Mahlzeiten stellen beispielsweise einen Ort des Familiären dar und ermöglichen vertraute Gespräche, was der Pflege der Eltern-Kind-Beziehung förderlich sein kann (vgl. Bradshaw, 2007, S. 157).

Bezüglich des Indikators „verschlossene Teilhabechancen" wäre es im Hinblick auf weitere Kennzahlen zur Beschreibung von Problemlagen gesellschaftlicher Ausgrenzung sinnvoll, auch die Schullaufbahnempfehlungen (eigene Überlegung) und Kriminalstrafen (vgl. Ministerium für Bildung, Wissenschaft, Jugend und Kultur Rheinland-Pfalz, 2010, S. 301) junger Menschen zu beachten.

Beim Indikator Gesundheit/Stress sollte die Ernährung als zusätzliche Kennzahl Berücksichtigung finden (eigene Überlegung). Der Indikator „Aktivitäten" könnte durch die Kennzahlen Kinderarbeit, ehrenamtliche Tätigkeiten und nichtkirchliche Jugendarbeit ergänzt werden (eigene Überlegungen).

Was den Indikator „Sicherheit in Kita und Schule" betrifft, wäre es empfehlenswert, das Wohlbefinden von Kindern und Jugendlichen in den Mittelpunkt zu rücken und zwar einerseits vor dem Hintergrund, dass Kinder sehr viel Zeit in der Institution Schule verbringen, aber andererseits auch mit Blick auf die Vorreiterrolle von Rheinland-Pfalz im Ausbau des Ganztagsschulwesens (vgl. Ministerium für Bildung, Wissenschaft, Jugend und Kultur Rheinland-Pfalz, 2010, S. 301). So kann das Wohlbefinden von Schülern/Schülerinnen ihre Leistungen in der Schule sowie ihre Zukunftschancen nach der Schulzeit positiv beeinflussen (vgl. Fend, 2001, S. 366 ff.; vgl. Opdenakker/van Damme, 2000, S. 184 ff.). Dem Wohlbefinden von Kindern in Kindergärten/Kitas gilt nicht weniger Beachtung. Zwar wird in der Forschung vielfach angenommen, dass „jüngere Kinder keine verlässlichen Datenquellen seien oder die Fachkräfte ‚es am besten wissen' und deshalb in ihrem Namen sprechen könnten" (Crivello u.a. 2009, S. 57, Übersetzung U. Petry)[6], dennoch hat das subjektive Wohlbefinden von Kindern in Kitas vermutlich einen positiven Einfluss auf ihre Entwicklung und ihr Gesamtwohlbefinden (vgl. Ministerium für Bildung, Wissenschaft, Jugend und Kultur Rheinland-Pfalz, 2010, S. 301).

---

[6] „That young children cannot be reliable sources of data, or an assumption that caregivers know best so can speak of children on their behalf" (Crivello u.a. 2009, S. 57)

Abschließend ist festzuhalten, dass die subjektive Perspektive von Kindern und Jugendlichen im 1. Kinder und Jugendbericht Rheinland-Pfalz mangels verfügbarer Daten vernachlässigt wird und stattdessen in erster Linie objektivierbare Voraussetzungen für das Well-being von jungen Menschen abgebildet werden (vgl. ebd., S. 303). Jedoch sind gerade die Selbstauskünfte junger Menschen für eine angemessene Erfassung und Einschätzung des Child Wellbeing von Bedeutung (vgl. Kapitel 2.4). So kommt das Wohlbefinden von Kindern und Jugendlichen vor allem in ihrer subjektiven Sichtweise zum Ausdruck und lässt sich nicht nur über objektive Daten erfassen (vgl. Ministerium für Bildung, Wissenschaft, Jugend und Kultur Rheinland-Pfalz, 2010, S. 303). Daher sind Befragungen und Beteiligungen junger Menschen für zukünftige Berichte absolut notwendig (vgl. ebd.). Dies können durchaus auch standardisierte Befragungen sein, wenn es nicht um das Well-being von Vorschulkindern/Kindern in Kitas gehen soll; hier wären eher qualitative bzw. ethnografische Forschungszugänge sinnvoll (vgl. ebd.).

3. Abschließende Bewertung des Praktikums

Die Erwartungen, die ich an meine Teilnahme an der ‚Quantitativen Forschungswerkstatt' geknüpft habe, also einerseits vertiefte Einblicke und Kenntnisse zu quantitativen und qualitativen Methoden der empirischen Forschung in der Erziehungswissenschaft zu erlangen sowie meine Kenntnisse aus dem Modul III (Methoden) in das Lehrforschungsprojekt zu transferieren, andererseits aber auch eine kritische Auseinandersetzung nicht nur mit dem Begriff „Child Well-being", sondern ferner mit internationalen Konzepten dazu, und der Frage, wie es um das Wohlbefinden und die Lebenslagen der Kinder und Jugendlichen in der Stadt Trier bestellt ist, wurden im Hinblick auf die gemachten Erfahrungen und erworbenen Kompetenzen nicht nur erfüllt, sondern übertroffen. Begünstigt durch optimale Praktikumsbedingungen und eine hervorragende Betreuung durch Frau Dr. phil. M. Joos konnte ich im Forschungspraktikum neben dem Erwerb von differenzierten Kenntnissen zu quantitativ- und qualitativempirischer Forschung sowie zu Grundlagen, Konzepten, Verfahren, Techniken und Methoden der quantitativen und qualitativen Sozialforschung auch sowohl meine Fähigkeit zum Lesen und Verstehen empirischer Studien und Statistiken als auch die Fähigkeit zum Wechsel zwischen alltäglichen und professionellen Ausdrucksformen verbessern. Durch die kritische Auseinandersetzung sowohl mit internationalen Konzepten und Studien zum Child Wellbeing als auch mit der Abbildung von Child Well-being in Bezug auf die Dimension ‚Handlungsräume' des 1. Kinder- und Jugendbericht Rheinland-Pfalz, habe ich gelernt, den Stellenwert (empirischer) Studien sowie deren Ergebnisse einzuordnen und kritisch, aber auch kompetent zu beurteilen. Der Transfer von Kenntnissen aus den Modulen der Sozialpädagogik sowie vor allem aus dem Modul III (Methoden) in das Lehrforschungsprojekt funktionierte wie erhofft und ohne nennenswerte Probleme. Auch die bereits erworbenen Kenntnisse aus den Modulen der Allgemeinen Pädagogik und der Weiterbildung halfen insbesondere bei der Reflexion des Verhältnisses zwischen Theorie und Praxis. Abschließend lässt sich also sagen, dass meine Teilnahme an der Forschungswerkstatt vor dem Hintergrund der oben ausgeführten Kompetenzerwerbungen nicht nur einen hohen Ertrag für mein Studium hat, sondern dieses auch ergänzt und zwar dadurch, dass die theoretisch erworbenen Kenntnisse in der Studieneingangsphase, in erster Linie zu quantitativen und qualitativen Methoden, einen Praxisbezug erhalten und so geschärft werden. Wie zu Anfang des Berichts unter „Rahmenbedingungen" erläutert, stehen in Kürze eigene (qualitative) Befragungs- und Beobachtungsverfahren sowie Analyseverfahren erhobener Daten zum Child Well-being in der Region Trier an, welche diesen Praxisbezug noch erweitern, indem angemessene Instrumente zur Erhebung entwickelt und konkrete Daten verarbeitet und analysiert werden. In diesem Rahmen erhoffe ich mir, den Zusammenhang von Forschungsfrage, Anlage (Design) und Methode von Forschungsvorhaben zukünftig noch besser einschätzen zu können.

Literatur-/Quellenverzeichnis

Bertram, H. (2006): Zur Lage der Kinder in Deutschland: Politik für Kinder als Zukunftsgestaltung. Innocenti Working Paper No. 2006 – 02. Florence, UNICEF Innocenti Research Centre.

Bertram, H. (Hrsg.) (2008): Mittelmaß für Kinder. Der UNICEF-Bericht zur Lage der Kinder in Deutschland. München.

Bradshaw, J., Hoelscher, P. & Richardson, D. (2007): An Index of Child Well-being in the European Union. In: Social Indicators Research 80, S. 133 – 177.

Bundesministerium für Familie, Senioren, Frauen und Jugend (2009): 13. Kinder- und Jugendbericht. Bericht über die Lebenssituation junger Menschen und die Leistungen der Kinder- und Jugendhilfe in Deutschland. Berlin.

Crivello, G., Camfield, L. & Woodhead, M. (2009): How can Children tell us about their Well-being? Exploring the Potential of Participatory Research Approaches within Young Lives. In: Social Indicators Research (2009) 90, S. 51 – 72.

Fattore, T., Mason, J. & Watson, E. (2007): Children's Conceptualisations of their Well-Being. In: Social Indicators Research 80, S. 5 – 29.

Fattore, T, Mason, J. & Watson, E. (2009): When Children are Asked About Their Wellbeing: Towards a Framework for Guiding Policy. In: Child Indicators Research 2, S. 57 – 77.

Fend, H. (2001): Qualität im Bildungswesen. Weinheim, München.

Ministerium für Bildung, Frauen und Jugend Rheinland-Pfalz (Hrsg.) (2002): Kinderbarometer Rheinland-Pfalz. Stimmungen, Meinungen, Trends von Kindern in Rheinland-Pfalz. Ergebnisse der Erhebung im Schuljahr 2000/2001. Durchführung: ProKids-Büro Herten. Mainz.

Ministerium für Bildung, Wissenschaft, Jugend und Kultur Rheinland-Pfalz (Hrsg.) (2010): 1. Kinder- und Jugendbericht Rheinland Pfalz. Zwischen Infrastruktur und Intervention – Zur Verantwortung von Staat und Gesellschaft für das Heranwachsen von Kindern und Jugendlichen in Rheinland-Pfalz. Mainz.

Opdenakker, M.-C. & van Damme, J. (2000): Effects of Schools, Teaching Staff and Classes on Achievement and Well-Being in Secondary Education: Similarities and Differences between School Outcomes. In: School Effectiveness and School Improvement, 2000, Vol. 11, No. 2, S. 165 – 196.

Rigby, K. & Slee, P.T. (1993): Dimensions of Interpersonal Relation Among Australian Children and Implications for Psychological Well-being. In: Journal of Social Psychology 133:1, S. 33 – 42.

Thole, W. (2000): Kinder- und Jugendarbeit. Eine Einführung. Weinheim.